[illegible]

LES PREMIERS INTERPRÈTES DE WAGNER EN FRANCE

[illegible] JANSSEN

LES PREMIERS INTERPRÈTES

DE

WAGNER EN FRANCE

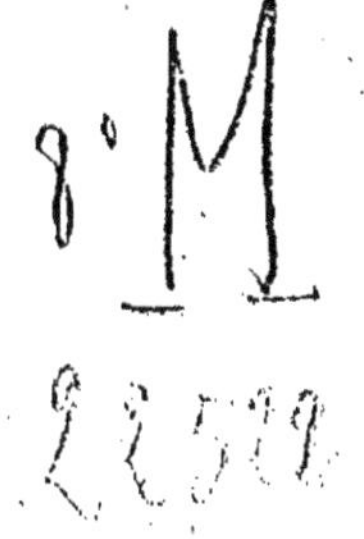

Coup d'œil en arrière

LES PREMIERS INTERPRÈTES DE WAGNER EN FRANCE

Louise JANSSEN

En venlig Erindring
om Niels W. Gade

Til den unge
begavede Sangerinde
Fröken Janssen!
Stræb altid opad
mod Höjderne,
saavel i Kunsten
som i Verdenslivet.

Copenhague
Octbr 1889

En souvenir amical
de NIELS GADE

A la jeune chanteuse douée, Mademoiselle JANSSEN.
Ambitionnez toujours d'atteindre les Sommets dans votre Art
comme dans votre vie.
NIELS GADE, célèbre compositeur danois. Ami de Mendelssohn

OPÉRA DE LYON

Créations de Mlle Louise JANSSEN

Direct. Poncet :

1891 (26 février)..... Lohengrin.
1892 (4 avril)...... Tannhäuser.
1894 (4 janvier).... La Walkyrie.

Direct. Vizentini :

1895 (27 novembre)... La Jacquerie.
1896 (30 décembre).. Les Maîtres Chanteurs.

Direct. Tournié :

1900 (6 mars)...... Tristan & Ysolde.

Direct. Broussan :

1903 (5 avril)...... La Tétralogie.
1903 (22 novembre). Armor.

Elsa, Elisabeth, Sieglind, Yseult, Eva ; que ces noms sont doux à l'oreille et quelle délicieuse image ils évoquent dans la mémoire des Lyonnais qui assistèrent à la création des œuvres de Wagner. Cette image, c'est celle de Mlle Louise Janssen.

Celle qui devait la première incarner de si inoubliable façon les héroïnes, aujourd'hui célèbres, issues du génie de l'auteur de *Lohengrin,* de la *Tétralogie,* de *Tristan,* des *Maîtres Chanteurs de Nuremberg ;* Janssen, comme on ne cessa de l'appeler familièrement lorsque le public enthousiaste l'eut adoptée, Danoise d'origine, était arrivée à Lyon, toute jeune fille, presque débutante après avoir été poussée vers l'art lyrique par de rares dispositions naturelles. Une voix admirable, pure comme un cristal limpide ; un profond sentiment d'artiste, une éducation musicale complète, chose rare chez les chanteurs (n'est-elle pas aussi pianiste accomplie), enfin une possession complète de la science du chant, gagnée au contact de professeurs comme Matterna, créatrice d'Yseult, que Wagner avait lui-même dressée.

Engagée à Lyon pour créer le rôle d'Elsa, elle fit ses débuts dans Marguerite, de *Faust,* où la beauté de sa voix et le charme pénétrant de son interprétation lui valurent un accueil chaleureux.

On ne pouvait pas mieux confier la création

d'un personnage qui, avec celui du chevalier au cygne, est le plus important dans l'œuvre que l'on préparait.

C'est que, avec *Lohengrin,* on jouait une rude partie. Wagner était peu ou pas connu. On ignorait à peu près tout de son art et de ses tendances. Cet opéra, le quatrième du grand compositeur allemand, très influencé de Weber et même de Beethoven, tout empreint d'un souffle romantique qui nous paraît aujourd'hui si simple à comprendre, et oui, si simple ! que les temps sont changés ! Eh bien ! ce nouvel opéra apportait une manière toute nouvelle dans un public dont les faveurs allaient encore à l'art périmé d'Halévy, Meyerbeer et Ambroise Thomas. En outre, la personnalité de Wagner n'était pas aimée depuis la chute injuste de *Tannhäuser* sous Napoléon III, et son attitude, blâmable il est vrai, après la guerre de 1870.

Les Créateurs, à Lyon, c'étaient avec JANSSEN, MASSARD, Lohengrin ; NOTÉ, Telramund ; BOURGEOIS, le roi ; Mme BOSSY, Ortrude. L'orchestre était dirigé par LUIGINI. Le cadre de chœurs avait été renforcé.

Tout avait été mis au point avec soin, mais, quel accueil le public réserverait-il à l'œuvre nouvelle ?

Eh bien ! et ici nous en appelons à tous ceux qui assistèrent aux premières représentations, il n'est pas exagéré de dire que le plus grand élément de succès vint de JANSSEN.

C'est elle qui, dès son inoubliable entrée au premier acte, fixa les sympathies du public, força son attention et l'attacha aux péripéties musicales et dramatiques de la légende du chevalier au cygne. La simplicité de son jeu, son naturel, son expression pure et naïve, ses attitudes si touchantes de foi et d'émotion, tout contribuait à créer un personnage comme on n'en avait jamais vu et qui semblait être descendu d'un vitrail afin de chanter son amour pour le fils de Parsifal.

Dès les premiers récits, le public fut capté par cette voix limpide qui montait en ondes souples et éclatantes jusqu'à la coupole de la salle. C'était un charme nouveau et inexprimable qui fixait pour jamais la poésie des mélodies wagnériennes dans le cœur de l'auditeur, d'où elles ne devaient plus sortir.

Dès lors, JANSSEN fut désignée pour être la créatrice de chaque nouvelle œuvre de Wagner que l'on montait; et toujours elle donna l'impression que personne autre n'eut pu en être aussi bien qu'elle l'interprète rêvée.

Depuis, il nous a été donné d'assister à des représentations d'œuvres de Wagner un peu partout ; à l'Opéra de Paris, à Bruxelles, à Covent Garden de Londres, en Allemagne, en Italie ; nous avons entendu nombre d'interprètes admirables, des artistes célèbres dans l'ancien et le nouveau monde, dont l'art impeccable est un exemple pour les jeunes chanteurs de notre époque; et cependant nous n'en avons point vus qui fussent supérieurs à la créatrice d'Elsa à Lyon, et jamais plus nous n'avons retrouvé cette adorable poésie, cette fleur suave de jeunesse candide qu'y avait apporté Louise JANSSEN.

L. BORGEX.

Les Maîtres Chanteurs

SOUVENIRS

UNE FAMEUSE "PREMIÈRE"

* * *

La saison 1896-1897 vit la création en France, sur notre scène lyrique, des *Maîtres Chanteurs de Nuremberg*. Paris ne devait introduire le chef-d'œuvre à l'Académie Nationale que l'année d'après.

Il est bon de le rappeler à l'usage de la jeune génération... Lyon prit alors allure de capitale ; on y vint de toutes parts assister aux représen-

tations des « Maîtres » comme on se rend à Paris à l'occasion du Salon ou du Grand Prix.

Je vois encore l'aspect inusité du péristyle de notre Opéra, grouillant d'une foule de Parisiens désappointés, un soir où, par suite d'une indisposition d'artiste, la Direction annonçait « relâche ».

En ce temps là, on est en plein wagnérisme naissant, au plus fort de l'époque héroïque, mes amis et moi lisons Ernst, Chamberlain, Brin' Gaubast, Louis Barthélemy, Wagner lui-même..., les néophytes entrent dans l'initiation avec le « Voyage Artistique à Bayreuth », de Lavignac. Celui-ci conseille aux pèlerins de faire l'étape à genoux *(sic)*.

La première est annoncée pour le 30 décembre, une affiche illustrée, très évocatrice d'art, a été brossée par le peintre Beaussier, sur les données de l'animateur Albert Vizentini et recouvre les murs de la ville. L'événement est d'importance et il est attendu avec une certaine fièvre par les plus avertis d'entre nous.

Et ce fut dans un optimisme joyeux, en parfaite harmonie avec la philosophie du doux Sachs, que se termina cette soirée, entre toutes mémorable. Vizentini, à la fois Directeur et Chef d'orchestre, est littéralement porté en triomphe par ses collaborateurs de la scène, et le public électrisé fait fête à tous.

C'est que l'œuvre de Wagner a eu le rare bonheur de rencontrer une interprétation généralement remarquable avec Louise JANSSEN, COSSIRA, Gaston BEYLE, HYACINTHE, CHALMIN, DELVOYE et quelques autres.

Une splendeur !!!

Toute la critique parisienne est présente : Léon Kerst, Catulle Mendès, Henry Gauthier-Villars pour ne citer que les principaux.

Les trente-deux représentations, échelonnées du 30 décembre à mi-avril, s'écoulèrent dans une atmosphère d'enthousiasme artistique qu'on a peine à s'imaginer à notre époque cinématographique. La dernière, bien qu'elle ait eu lieu un dimanche soir et en fin de saison, fut une apothéose !

Nombreux, je l'affirme, sont nos concitoyens ayant assisté à l'unanimité des représentations, tel a été le prestige d'une création théâtrale qui restera parmi les plus beaux titres de gloire de notre cité.

Une jeune actrice, Mlle Louise JANSSEN devait plus particulièrement attirer l'attention au cours de ces inoubliables séances. Son interprétation du rôle d'Eva fut proprement une révélation. Le personnage, tout en nuances, ne saurait être rendu avec une compréhension scénique plus totale. Au surplus, une voix d'un timbre unique, une profonde science du chant et un style incomparable. Je n'oublierai jamais les étonnements admiratifs et un peu gênés de ces Messieurs de la Capitale. Louise JANSSEN que ses récents succès dans *Lohengrin, Tannhäuser, La Walkyrie* avaient consacrée grande artiste auprès des amateurs lyonnais, était découverte par les pontifes.

Celle qui est devenue depuis, notre compatriote d'adoption, devait certes par la suite, connaître d'autres triomphes, mais de la première des « Maîtres » date une notoriété que personne ne songea jamais à lui disputer.

Louise JANSSEN, c'est « une synthèse », si j'ose m'exprimer ainsi ; quelqu'un a dit « une force de la nature ». A son insu peut-être, et par le seul rayonnement de son action, elle aura, au cours d'une longue période, exercé sur nos contemporains, une dictature... artistique indéniable mais bienfaisante... Il n'est pas certain que sans elle, les amateurs lyonnais eussent pénétré aussi rapidement le sens profond des drames wagnériens ; qu'on le veuille ou non, elle fut pour la plupart d'entre nous, l'Initiatrice.

P. P.

LA TRAGÉDIENNE LYRIQUE

* * *

On se souvient de l'ancien acteur lyrique d'il y a trente ans! Immobilisé à l'avant-scène, en des attitudes de sujet de pendule, prenant à témoin le public, lui confiant son destin diversement tragique, il n'avait d'autre souci que l'émission du point d'orgue final qu'il étalait avec une insistance de mauvais goût.

Louise Janssen fut la première artiste qui rompit avec ces traditions. Esprit cultivé, allant facilement jusqu'à la synthèse des formes plastiques, pénétrée du caractère objectif et psychologique du motif wagnérien, aidée par l'étude entreprise aux sources mêmes de la grande famille des interprètes wagnériens : Materné, Ternina... elle s'efforça de rendre sensibles les éléments du drame, elle regarda d'abord les œuvres peintes, les œuvres sculptées. Elle saisit l'arabesque de la forme humaine, grâce aux lignes qui se déplacent sans cesse, elle transpose dans l'interprétation scénique le résultat de ses recherches esthétiques. Ses moyens d'expression étaient d'ailleurs singulièrement variés : voix inoubliablement prenante, puis, le masque ; Louise JANSSEN a le charme exquis des visages d'une mobilité extrême ; enfin, une plastique, où l'eurythmie est toute naturelle. Louise JANSSEN joue autant avec sa physionomie qu'avec l'attitude ou le geste : avec elle, le visage devient le clair miroir où se cristallisent tous les états d'âme, tout le processus sentimental contenu dans l'action. Avec simplicité, elle suggère, indique une nuance, un crescendo pathétique. L'expression atteint son point culminant lorsque le geste intervient et confère à la scène interprétée la Beauté, le sens vrai. Il faudrait citer de nombreuses scènes dramatiques pour illustrer cet exemple. Il n'y aurait qu'à choisir *Lohengrin, Tannhäuser, La Walkyrie, Les Maîtres, Le Crépuscule.*

Considérons simplement la scène du philtre de *Tristan,* admirable expression des sentiments ressentis. L'un purement physique, l'autre subconscient. Voyez Louise JANSSEN dans cet instant : d'un côté, réalisme de l'attitude du corps où le philtre se répand ; de l'autre, fulgurante puissance du regard magnétique ; enfin, paroxysme de l'émoi extatique qu'accentue le corps défaillant.

Louise JANSSEN, parfaite musicienne, étudie scrupuleusement le commentaire orchestral pour en extraire les gestes primordiaux qu'elle objective, leur donnant un mouvement simple qui trace dans l'espace une arabesque harmonieuse et significative. L'attitude chez l'artiste n'est jamais cherchée, voulue, au contraire, sans cesse agissante. On devine l'idée qui a collaboré au geste présent comme on surprend le geste qui suivra. Les rôles deviennent de véritables réalisations d'art plastique. Dans ce sens, son « Yseult » est le pendant rythmique de la « Phèdre » de Sarah-Bernhardt, de « l'Orphée » de Madeleine Croizat.

D'ailleurs, Louise JANSSEN, dans l'interprétation des rôles, se rapprochait de plus en plus de l'esprit classique. On peut dire que si elle fut particulièrement mythique dans une œuvre si riche en symbole, elle fut également et avec le plus magnifique lyrisme Racinienne dans l'objectivité (son Elsa, Sieglinde, Brünnhilde, Yseult, Elisabeth, participent de cette tendance). Racinienne par la charmante poésie qui se dégage de l'intonation si évocatrice, elle l'est encore par le caractère de décence d'exquise féminité où palpite profondément une âme supra-sensible. Classique enfin, par l'équilibre parfait entre le jeu scénique et le rôle chanté.

L'œuvre de Wagner résume pour quelques-uns toutes les magnificences, toutes les possibilités par la fusion des arts. On peut dire que Louise JANSSEN, en plus de l'apport éducatif considérable fait au public, a traduit l'œuvre du génie de Bayreuth avec un reflet de la Beauté antique.

Un Jansseniste.

✣ ✣ ✣

LOHENGRIN

* * *

Progrès, 26 février 1891.

Mademoiselle Janssen a eu la meilleure part. Avec sa grâce rêveuse un peu triste, avec son visage aux traits fins et ingénus, avec son organe d'un timbre si limpide et si pur, cette toute jeune femme est vraiment l'interprète qu'il faut au personnage d' « Elsa ». Elle a dans la voix, surtout aux fins de phrase, d'ineffables caresses et d'exquises demi-teintes. Le public en a été littéralement charmé, et l'a applaudie d'un bout à l'autre de son rôle. C'est un brillant début qui promet une brillante carrière.

Progrès, 10 avril 1891.

... tous les vaillants interprètes de *Lohengrin,* et à leur tête Mlle Janssen, qui a été l'âme et le charme de cette longue série de représentations triomphales.

Lyon Républicain, 26 février 1891.

Mlle Amalia Janssen est charmante de grâce naïve et touchante dans « Elsa de Brabant ». L'organe est d'une fraîcheur exquise et pénétrante, il résonne sans faiblesse ni chevrottement dans toute l'étendue de demi-teintes ravissantes. Il n'y

LOUISE JANSSEN

LOHENGRIN

ELSA

Ier ACTE

LOUISE JANSSEN

LOHENGRIN

ELSA

IIe ACTE

a pas jusqu'à l'inexpérience de la comédienne qui ne la serve dans ce rôle de jeune fille, émue et tendre, et l'artiste est dans le bon chemin pour parvenir.

Nouvelliste de Lyon, 26 février 1891.

Le public a paru goûter tout spécialement Mlle JANSSEN, une jeune Suédoise, douée d'une voix admirablement timbrée qu'elle nuance et conduit avec un réel talent. C'est une « Elsa » très poétique et très touchante.

L'Express de Lyon, 26 février 1891.

« Elsa », c'était Mlle JANSSEN qui prête, à la jeune et poétique fille de Brabant, le charme d'une voix véritablement exquise et conduite avec un rare talent. C'est un grand dommage que Mlle JANSSEN ne puisse pas articuler plus correctement les paroles. Malgré cela, elle a produit un grand effet, et elle a contribué pour une grande part aux succès de la soirée.

Salut Public, 26 février 1891.

L'interprétation est bonne. En première ligne il faut citer Mlle JANSSEN, qui chante le rôle poétique d' « Elsa ». La voix de cette jeune artiste a pour qualité maîtresse la fraîcheur. Mlle JANSSEN détaille avec goût et déploie beaucoup d'art dans la façon dont elle termine la phrase musicale.

F. L.

✣ ✣ ✣

TANNHAUSER

Nouvelliste, 11 avril 1892.

Mlle Louise Janssen a chanté le rôle d' « Elisabeth » avec la toujours exquise sonorité de la voix, bien que la grande scène du second acte ait demandé plus d'animation et de nuances.

Salut Public, 11 avril 1892.

Le public a rappelé M. Cogny après son duo du second acte avec Mlle Louise Janssen.

Louise JANSSEN

TANNHAUSER

ELISABETH

IIIe Acte

LA WALKYRIE

* * *

Progrès, 4 janvier 1894.

Le rôle de « Sieglind » convient parfaitement à la nature poétique et extatique de Mlle JANSSEN qui en a fait une création exquise de tendresse et de charme ; la comédienne nous a paru fort en progrès ; Mlle JANSSEN a joué avec émotion les scènes du premier acte et a dignement donné la réplique à M. LAFARGE dans l'admirable scène d'amour qui lui sert de conclusion.

Lyon Républicain, 4 janvier 1894.

Mlle JANSSEN a essayé de secouer sa torpeur habituelle et de rendre sa diction plus intelligible sans y réussir toujours. Le caractère de « Sieglind » paraît demander à l'interprète, avec la grâce et le charme, l'abandon que l'artiste lui donne, un peu plus d'énergie et plus de sentiment dramatique.

Nouvelliste, 4 janvier 1894.

La poétique et douloureuse figure de « Sieglind » était personnifiée par Mlle JANSSEN, dont la voix toujours idéalement pure et les belles attitudes scéniques lui ont donné beaucoup de charme et de fraîcheur.

E. D.

L'Express de Lyon, 4 janvier 1894.

Sous les traits de « Sieglind », Mlle JANSSEN ne manque pas d'un charme réel qui tient surtout à sa jolie voix. Malheureusement, je suis obligé de lui faire constamment le même reproche, de ne pas prononcer intelligiblement les paroles.

L.

Salut Public, 4 janvier 1894.

M. LAFARGE et Mme FIÈRENS ont droit à des éloges sans réserves ; ils ont été très applaudis. Les autres rôles sont très convenablement chantés par MM. SAINTEIN, SYLVESTRE, Mlle JANSSEN.

Ces artistes ont droit à tous nos compliments.

Francis L.

⁂

LA JACQUERIE

Progrès, 27 novembre 1895.

Mlle Louise JANSSEN se montre exquise de grâce touchante dans le personnage de « Blanche » ; sa jolie voix toujours limpide, prête un charme caressant aux mélodiques cantilènes qui abondent dans son rôle, et la comédienne a su, au dernier acte, faire preuve de passion et d'un juste sentiment dramatique.

Lyon Républicain, 27 novembre 1895.

Mlle Louise JANSSEN, touchante dans le rôle de « Sainte-Croix ».

A la fin du spectacle, M. COQUARD est traîné sur la scène entre Mme DESCHAMP-JEHIN et Mlle Louise JANSSEN.

Nouvelliste, 27 novembre 1895.

Mlle Louise JANSSEN prête une poétique et touchante physionomie à la fille du « Comte de Sainte-Croix ». J'ai signalé le succès qu'elle a obtenu au début de l'ouvrage et dans la prière. Mlle Louise JANSSEN a dit avec expression la scène d'amour du dénouement, elle y produira encore meilleur effet lorsqu'elle la chantera avec un sentiment plus chaleureux et plus passionné.

L'Express, 27 novembre 1895.

L'exquise voix de Mlle Louise JANSSEN a donné au rôle de « Blanche » le charme profond de ses notes d'une pureté si harmonieuse.

Salut Public, 27 novembre 1895.

Mlle Louise JANSSEN incarne d'une façon touchante, comme toujours, la gracieuse figure de « Blanche de Sainte-Croix ».

✣ ✣ ✣

Louise JANSSEN

LES MAITRES CHANTEURS

EVA

IIe Acte

MAITRES CHANTEURS

* * *

Progrès, 31 décembre 1896.

Les rôles féminins occupent un rang plus effacé dans cette distribution ; ils sont d'ailleurs mis en pleine valeur par Mlle JANSSEN, une « Eva » à la voix poétique, fort gracieuse dans sa toilette de jeune fille.

Lyon Républicain, 31 décembre 1896.

Mlle JANSSEN est gracieuse et poétique au possible dans « Eva », qui lui fera par la suite avec « Elisabeth » du *Tannhäuser* et « Elsa » du *Lohengrin* un trio de rôles incomparables. L'articulation est en progrès, il faut soigner encore la prononciation et les ravissantes scènes de naïveté, de jeunesse et de poésie sortiront plus pures et plus brillantes.

Salut Public, 31 décembre 1896.

Mlle JANSSEN, qui rehausse du charme et de sa voix pure comme le cristal la grâce ingénue et coquette à la fois de la jeune « Eva ».

(CRITIQUES PARISIENS).

Gil-Blas.

Louons le sentiment artistique de Mlle JANSSEN.

L'Express de Lyon, 31 décembre 1896.

Mlle JANSSEN prête sa grâce ingénue et le charme de sa jolie voix à la poétique « Eva » dont elle fait une personnification très réussie au point de vue plastique.

L.

Nouvelliste de Lyon, 31 décembre 1896.

La voix très limpide et si musicalement timbrée de Mlle JANSSEN a chanté avec le charme vocal que nous lui savons le personnage d' « Eva ».

E. D.

A Mademoiselle Luise Janssen

Hommage respectueux et [illegible]

Souvenir de la soirée du 1 août 1897

(Bayreuth)

[illegible]

A L'INTERPRETE WAGNERIENNE
Melle
L.A. Janssen
GRAND THÉÂTRE DE LYON
1891-1898
LES HABITUÉS DES 4es GALERIES

A Mademoiselle
L.-A. JANSSEN

LES HABITUÉS
DU
GRAND-THÉATRE
- - DE LYON - -

Lyon 13 Mars 1898

> L'interprète n'est rien, s'il ne vit pas avec l'œuvre ; il devient fort ennuyeux s'il s'attache à chercher un misérable succès personnel.
>
> L.-A. Janssen.

Quand dans la grandeur d'une œuvre, l'Artiste se sent vivre en la splendeur du Beau, quelle pure jouissance ne doit-il pas éprouver en s'élevant ainsi au-dessus de l'Humanité au contact de ce qui est d'essence éternelle et divine.

Qu'importent à ceux qui atteignent ces régions sereines les acclamations des foules et leurs cantiques ! Elles louent ce qui est passager : l'auteur, l'interprète ; alors qu'elles ne devraient exalter dans l'œuvre que ce qui est éternel : la Beauté.

Ce sont là vos pensées que nous avons conscience d'exprimer ; aussi, n'ignorant pas votre mépris pour l'encens, nous ne voulons pas être les thuriféraires qui le brûlent à vos pieds.

Mais la Beauté n'est pas exclusive : elle est pour tous ; le bonheur qu'elle donne est d'autant plus grand qu'il est partagé. Et c'est pour la communion dans une même foi, que nous venons à vous qui nous avez montré la route, pour vous assurer de convictions profondes et semblables à la vôtre.

Vous avez trouvé dans une des plus belles œuvres qu'ait créé le génie humain, celle de Wagner, le moyen de traduire vos aspirations vers l'Idéal. Par elle, en la magnificence de ses conceptions, vous avez compris tout ce qu'il y a de Beauté enclose dans la Vie, vous l'avez exprimé et c'est pourquoi nos remerciements vont à Vous.

En interprétant, vous avez créé vous-même une œuvre, et cette œuvre, vous nous l'avez donnée. C'est tout le poème de la femme. C'est Elsa, touchante victime de la méchanceté humaine, femme passionnée pour l'amant idéal et pur, femme victime parce qu'elle est femme, victime d'elle-même, supportant le poids de l'inexorable fatalité qui entraîne nos destinées ; Elisabeth, femme compatissante aux souffrances du maudit, amante qui ne voit que l'amant dans le coupable, pardonnant et se dévouant, alors que tous condamnent. Sieglind, divinisée par l'amour, ou Eva, poétique et gracieuse évocation de la femme formée pour la vie, petite bourgeoise à la psychologie simpliste, amoureuse naïve qui va dans l'existence sous l'aile du bon génie.

Cette œuvre, vous l'avez continuée en dehors du Maître qui vous avait donné l'inspiration : c'est Charlotte, aimée d'un Gœthe, créature de bonté dans la simplicité; Blanche de Sainte-Croix; et Marguerite, dont l'innocence candide devient poignante quand elle est l'instrument de la damnation du sombre Faust.

O toutes ces femmes, tout ce poème de la femme, vous nous l'avez vécu avec celle que Wagner su si bien évoquer dans leurs passions divinisées, leur bonté sacrifiée, leur naïveté troublante et inconsciemment perverse.

Aussi, permettez à ceux qui vibrèrent avec vous dans la grandeur de ces œuvres, de vous apporter ce qu'ils ont de meilleur en eux : la reconnaissance. En le faisant, ils ont surtout pour but d'exprimer leur profond attachement à votre religion, à leur religion, à la religion de la Beauté.

Puisse cet hommage vous toucher ; il vient de gens sincères, simples, qui veulent rendre à la femme de grand cœur et aux sentiments élevés qu'ils connaissent en vous, un peu du bonheur que l'artiste leur a si souvent prodigué.

(Suivent de nombreuses signatures.)

✣ ✣ ✣

TRISTAN ET YSEULT

* * *

Progrès, 6 mars 1900.

C'est Mlle JANSSEN qui incarnait le personnage d' « Yseult » ; on ne peut que louer sa conviction, son abnégation et son désintéressement artistique, sa parfaite compréhension du rôle, sa connaissance des traditions et du style wagnérien. Très harmonieuse dans ses attitudes. Mlle JANSSEN serait une « Yseult » sans rivale, si son défaut d'articulation ne rendait certaines pages, surtout dans les parties narratives, difficilement intelligibles.

Sous cette réserve, Mlle JANSSEN s'est montrée absolument remarquable ; sa voix égale et bien posée prête aux mélodies wagnériennes une souveraine beauté et un charme pénétrant, et la scène finale a revêtu une véritable grandeur tragique.

Lyon Républicain, 6 mars 1900.

Mlle JANSSEN chantait la version d'Alfred Ernst, complétée par M. de Fourcaud et Bruck : les autres artistes avaient appris celle de Victor Wilder. Le public ne s'est pas aperçu des coq-à-l'âne que pouvait produire cette double interprétation : on comprend si peu Mlle JANSSEN.

Et c'est vraiment dommage, car l'artiste incarne à souhait la blonde « Yseult » et sa voix pure a un

Louise JANSSEN

TRISTAN ET YSEULT

YSOLDE

IIe Acte

charme poétique infini. La mort si poignante de l'héroïne, traduite magnifiquement par l'orchestre, a été rendue par Mlle JANSSEN avec une expression très juste et son extase amoureuse, comme sa douleur où passent toutes les larmes de l'amour perdu, lui ont valu les suffrages des wagnériens les plus difficiles.

Raoul CINOH.

Nouvelliste, 6 mars 1900.

Mlle JANSSEN était « Yseult », et les Lyonnais ont gardé le souvenir des très pures altitudes, de la limpide sonorité vocale avec lesquelles elle a personnifié sur leur scène les héroïnes de Wagner : « Elsa », « Eva », « Elisabeth ». Mlle JANSSEN, qui avait joué le rôle à Paris, aux récentes représentations du Nouveau Théâtre, en rend avec un sentiment très artistique le caractère légendaire, la note de poésie et de rêve d'abord, puis de farouche et poignante désolation à la grande scène de la Mort.

Express de Lyon, 6 mars 1900.

Il convient, tout d'abord, de mettre complètement à part Mlle JANSSEN pour la remarquable création du personnage d' « Yseult ». Jamais la voix de la jeune artiste n'a été plus pure, d'un plus beau timbre et d'une pareille homogénéité dans tous les registres ; le grave, notamment, a pris une ampleur et un charme pénétrants.

Avec un peu plus de vigueur et de puissance dans les situations pathétiques et s'il n'y avait pas cet incorrigible défaut de prononciation, à cause duquel je n'ai jamais eu l'honneur de compter parmi les amis de Mlle JANSSEN, on pourrait la regarder comme une des plus émouvantes « Yseult » que l'on ait jamais entendue.

Ce qui est surtout remarquable, ce sont les progrès qu'elle a accomplis au point de vue scénique. La physionomie prend maintenant une part constante à l'action dramatique et la plastique suit harmonieusement la moindre inflexion de la symphonie. On voit que Mlle JANSSEN a vécu son rôle avec amour et approfondi avec passion, comme il convient de le faire, du reste, pour des créations de cette importance. C'est de l'Art, très beau, très noble et très sincère.

M. Scaramberg prête sa voix chaude et vibrante ainsi que son excellente articulation au personnage écrasant de Tristan. Il a partagé le succès de Mlle JANSSEN dans la magnifique scène d'amour du deuxième acte.

Salut Public, 6 mars 1900.

Il y a d'excellents artistes. Mlle JANSSEN qui a été tout à fait admirable à tous les points de vue et d'un bout à l'autre dans celui d' « Yseult ».

✣ ✣ ✣

Louise JANSSEN

LE CRÉPUSCULE DES DIEUX

BRUNNHILDE

IIe Acte

CRÉPUSCULE DES DIEUX

* * *

Progrès, 14 janvier 1904.

Si maintenant nous voulons apprécier dans le détail les qualités de chacun des interprètes, nous devons placer au premier rang Mlle Louise Janssen qui, tour à tour, idéalement poétique et dramatiquement humaine, nous a donné vraiment la « Brünnhilde » rêvée par le poète. Nous ne saurions trop louer en elle les qualités de pur style vocal dont elle a fait preuve et la fidèle interprétation qu'elle nous a donnée des traditions wagnériennes. Elle a fait hier, du rôle de « Brünnhilde », une création inoubliable.

Progrès, 11 avril 1904.

D'une rare noblesse d'attitudes, Mlle Louise Janssen est toujours la « Brünnhilde » rêvée, idéalement poétique et dramatiquement humaine.

Lyon Républicain, 14 janvier 1904.

L'interprétation vocale est supérieure avec Mlle Louise Janssen et M. Verdier. On connaît la voix magnifique de Mlle Louise Janssen, la pureté de son timbre d'un éclat si homogène : c'est du cristal qui coule ; la cantatrice a été prodigue de ses richesses, y ajoutant des élans dramatiques, des accents d'une force émouvante qu'elle n'avait pas encore atteints.

Le talent si personnel de Mlle Louise JANSSEN semblait jusqu'à présent s'être incarné exclusivement dans les extases d' « Elsa » ; il s'est élevé aujourd'hui de plusieurs degrés pour traduire l'amour profond, les angoisses, le sacrifice et par-dessus tout la mission symbolique de « Brünnhilde ».

Raoul CINOH.

Lyon Républicain, 11 avril 1904.

J'ai dit en parlant de Mlle Louise JANSSEN et de VERDIER que jamais Wagner n'avait trouvé sur notre scène une « Brünnhilde » et un « Siegfried » qui fussent aussi près de la pensée intime. Je ne puis que le répéter et mêler mes applaudissements à ceux dont la salle a couvert l'interprétation supérieure des deux protagonistes de la soirée.

Raoul CINOH.

Salut Public, 14 janvier 1904.

Mlle Louise JANSSEN, en qui s'incarne le personnage de « Brünnhilde », a dépassé peut-être, par la composition qu'elle nous en a donnée à tous égards, l'opinion si avantageuse pourtant que nous avait inspirée de son talent sa carrière antérieure. Elle n'a pas seulement fait preuve, dans ce rôle écrasant, d'une extraordinaire résistance vocale, dominant jusqu'au bout, sans une défaillance de son organe inaltérablement pur et pénétrant, les plus formidables explosions de l'orchestre.

LOUISE JANSSEN

LE CRÉPUSCULE DES DIEUX

BRUNNHILDE

IIe ACTE

L'artiste dramatique ne l'a cédé en rien chez elle à l'artiste lyrique. Merveilleusement drapée dans une tunique dont, soucieuse comme toujours de l'eurythmie plastique, elle avait, par une heureuse inspiration, emprunté le modèle à la célèbre Victoire de Samothrace de notre musée du Louvre. Admirable de tendresse et d'abandon passionné dans ses adieux à « Siegfried », au tableau final du prologue de fureur et de désespoir douloureux. Au second acte, de noblesse et de grandeur tragique ; au dernier, elle a rendu véritablement saisissante, par la chaleur de ses accents et l'intensité de ses effets dramatiques, cette magnifique idéalisation de son héroïne.

Nous lui devions déjà, pour ses précédentes créations, quelques-unes de nos plus complètes émotions artistiques. Elle a superbement couronné hier ce glorieux passé, et, pour cela, elle en a reçu la juste récompense dans les acclamations du public.

Salut Public, 11 avril 1904.

Nous ne pouvons que confirmer les éloges que nous leur avons décernés à tous et constater de nouveau l'excellente distribution qui, depuis Mlle Louise Janssen, divine « Brünnhilde », jusqu'à ses dignes partenaires, a certainement réuni en les ensembles les plus complets et les plus satisfaisants qu'il fût possible de réaliser.

Nouvelliste, 11 avril 1904.

Mlle Louise Janssen s'est montrée une « Brünnhilde » d'une admirable émotion dramatique.

Express Républicain, 14 janvier 1904.

La création de « Brünnhilde » par Mlle Louise Janssen mérite notamment d'être classée parmi les plus émouvantes de la noble artiste à laquelle nous devons déjà de si belles et si poétiques incarnations des héroïnes wagnériennes.

Par le timbre si pur et si pénétrant de sa voix, par sa plastique harmonieuse et plus encore par l'intensité et la sincérité de son émotion, Mlle Louise Janssen fait passer dans l'âme des auditeurs un peu de la flamme dont elle brûle et du souffle tragique qui l'inspire.

Et dans les mélodies passionnées du début, comme dans les élans de sa fureur farouche et dans l'exaltation de son chant lumineux de délivrance, ce n'est plus l'artiste que nous voyons, mais l'héroïque fille de Wotan elle-même et l'amante éperdue de « Siegfried ».

⁂

Louise JANSSEN

LE CRÉPUSCULE DES DIEUX

BRUNNHILDE

IIIe Acte

LA WALKYRIE

* * *

Progrès, 7 avril 1904.

C'est à Mlle Louise Janssen qu'était confié le rôle de « Sieglinde », si brillamment créé par elle à Lyon en 1894 ; elle s'y est à nouveau montrée absolument remarquable, donnant au personnage une très dramatique et très vivante expression de sincérité humaine.

Lyon Républicain, 7 avril 1904.

. . . .

Et que dire de Mlle Louise Janssen ?

Qu'elle fut incomparable ?

Ce n'est pas assez.

Cantatrice ? Qui l'ignore ?

Mlle Louise Janssen, sans effort, naturellement, a touché au suprême de l'art wagnérien.

Salut Public, 7 avril 1904.

Mlle Louise Janssen reprenait hier le rôle de « Sieglinde », qui lui avait été momentanément enlevé aux représentations précédentes de *La Walkyrie*. On sait quel charme touchant et quel accent dramatique elle lui prête, nous n'avons pas à insister, par conséquent, sur l'interprétation qu'elle en a donnée. Il nous suffit de constater qu'elle a contribué pour une large part à relever le niveau artistique de la soirée.

AMAURY.

Express Républicain, 7 avril 1904.

Mlle Louise JANSSEN a repris possession du personnage de « Sieglinde », qu'elle créa jadis à Lyon. Elle y fait preuve des qualités d'émotion, de sincérité dramatique et de plastique qui sont la caractéristique de son talent et qui donnent un charme si personnel à toutes ses incarnations.

Revue Musicale, 10 novembre 1903.

Lohengrin a reçu cette année l'interprétation qui lui convenait. C'est aujourd'hui la première fois que j'ai à parler ici de Mlle Louise JANSSEN. Je ne saurais trop dire quelle profonde émotion artistique produit cette admirable interprète dans la pensée wagnérienne. Dans *Lohengrin*, comme dans le *Vaisseau Fantôme*, dans *Tannhäuser*, comme dans *Tristan et Yseult*, Mlle Louise JANSSEN incarne adorablement les héroïnes du Maître bayreuthien. Sa façon de comprendre et de représenter vocalement et plastiquement le rôle d' « Elsa » est au-dessus de tout éloge. Les thèmes du songe, la scène du balcon, le duo du troisième acte ont été pour elle l'occasion de montrer une perfection dont rien n'approche. Nous ne pouvons que souhaiter qu'on donne souvent occasion à Mlle Louise JANSSEN de se faire applaudir au Grand-Théâtre.

Revue Musicale, 26 février.

Tannhäuser. — L'ensemble de l'interprétation de *Tannhäuser* était intéressant avec Mlle Louise Janssen, très fêtée.

Revue Musicale, 28 novembre.

L'interprétation était d'ailleurs remarquable : Mlle Louise Janssen a été parfaite scéniquement et musicalement. Je ne puis que répéter ici ce que je disais il y a quelques semaines au sujet de son interprétation d' « Elsa » : sa voix, sa méthode, sa mimique, tout en elle donne l'impression de la perfection même.

Revue Musicale, 5 janvier 1904.

Mlle Claessens a repris son rôle d' « Elsa ». Elle fut excellente en tous points ; elle s'est certainement montrée — après Mlle Louise Janssen, interprète idéale de l'héroïne wagnérienne — la meilleure « Elsa » que nous ayons vue à Lyon.

Revue Musicale, 19 janvier 1904.

Mlle Louise Janssen est considérée depuis longtemps comme la plus intelligente interprète de la pensée wagnérienne dans les rôles d' « Elsa », « Elisabeth », « Yseult ». Il semble logique de lui attribuer le rôle de « Gutrune », proche parent, au double point de vue scénique, vocal, de personnages précités. C'est cependant la « Walküre » qu'elle a incarné mercredi. Ses plus ardents admirateurs ne pouvaient espérer une aussi merveilleuse interprétation que celle qu'elle a donnée de ce personnage complexe et difficile. En elle, il faut tout louer sans réserve : sa méthode vocale, l'incomparable pureté de la voix, la science de la déclamation, le soin infini des moindres détails de sa mimique, de l'attitude, du jeu, de l'expression, et par-dessus tout, la chaleur, la vie, l'intensité et le réalisme avec lequel elle objective cette âme irréelle, symbolique, mystique et mythique de la Brünnhilde scandinave, de la déesse femme, de la Walkyrie farouche, en qui s'éveille une épouse aimante. Mlle Louise JANSSEN a véritablement vécu ce rôle, de prime abord si loin de la vie et du réel. Elle s'est donnée tout entière, émouvante, tragique, animant tout le drame d'un grand souffle d'héroïque passion, d'une chaude énergie de vie intense, synthétisant, symbolisant, réalisant le concept même du Maître de Bayreuth : la Mission Sainte de la Femme, la Rédemption par l'Amour.

Et ce fut une révélation véritable que la façon dont l'admirable artiste a vécu la scène d'amour du prélude, ses adieux à Siegfried. La perfection, le fini du moindre détail scénique sont frappants, depuis la grâce du long geste dont elle salue le héros qui s'éloigne, jusqu'au soin avec lequel est drapée l'étoffe dont elle est vêtue, semblable à ce modèle de l'art grec, connu sous le nom de Victoire Aptère. Et il faudrait tout citer, depuis la scène avec Waltraute, et le combat contre Siegfried, couvert du Tarnhelm, jusqu'à ses désespoirs du second acte et la noblesse grandiose de ses adieux à la vie, tandis que se dresse le bûcher qui enflammera jusqu'au Walhall.

Revue Musicale, 20 avril 1904.

Dans *La Walkyrie,* Mlle Louise JANSSEN et M. SEGUIN furent admirables.

Revue Musicale, 16 avril 1905. — « *Sigurd* ».

Mlle Louise JANSSEN avec son talent et sa conscience habituelle donne une interprétation très fouillée, très personnelle, très intime du rôle de de « Brünnhilde ».

Revue Musicale. — « *Armor* ».

L'admirable artiste dont nous n'avons cessé de louer ici les merveilleuses incarnations a trouvé en « Ked » un rôle auquel la prédisposaient la nature de son talent et son goût pour le drame mythologique. Elle a joué comme on l'attendait d'elle, le personnage de la « Korrigane » amoureuse, et si l'instrumentation sonore de cette œuvre ne nécessitait un volume excessif on pourrait dire que Mlle Louise JANSSEN a atteint la perfection.

⚜ ⚜ ⚜

Journal des Théâtres, 1er février 1905.

Mlle Louise JANSSEN chanta pour la première fois à Lyon, au Grand-Théâtre, en 1891, et ses débuts, qui eurent le succès le plus grand, eurent lieu dans « Elsa » de *Lohengrin*. M. Alexandre LUIGINI, le distingué et aimable chef d'orchestre, aujourd'hui à l'Opéra-Comique, et qui était à l'époque au pupitre du Grand-Théâtre de Lyon, conserve le souvenir de ces représentations qui consacraient par un coup de maître le talent de Mlle Louise JANSSEN qui interpréta, dans la même saison et d'émouvante façon, les personnages d' « Elisabeth » de *Tannhäuser*, « Brünnhilde » de *Sigurd*. Nous avons sous les yeux les appréciations de la presse lyonnaise : toutes, sans aucune exception, sont extrêmement élogieuses. On sait que Lyon est une ville bien autrement difficile que Rouen — où le snobisme règne en souverain — et l'uniformité de ton de nos confrères, à louanger sans restriction aucune le beau talent de Mlle Louise JANSSEN, nous dispense de tous commentaires superflus.

L'écho de ces succès ne mit pas longtemps à parvenir aux oreilles de M. GAILHARD, et celui-ci fit signer de suite à la brillante artiste, un engagement qui la liait pour deux années à notre Académie Nationale de Musique.

Mais la nostalgie de Lyon reprit Mlle Louise

JANSSEN qui rompit son engagement avec l'Opéra pour retourner sur la scène qui avait été témoin de ses premiers triomphes avec M. VIZENTINI. C'est sous la direction éclairée de ce dernier que Mlle Louise JANSSEN créa « Eva » des *Maîtres Chanteurs,* avec un éclat exceptionnel qui lui valut la création de « Blanche » de *La Jacquerie,* de LALO et Arthur COQUARD. Cette interprétation fut l'occasion pour elle de recevoir les plus chaleureuses félicitations de la presse, en même temps que celles de MM. COQUARD et LALO Fils.

Puis, Mlle Louise JANSSEN, désireuse de s'identifier complètement la Tétralogie, alla passer une année en Allemagne où elle travaille les œuvres wagnériennes avec Mme MATERNA, la cantatrice préférée de Richard WAGNER. C'est sous les précieux conseils de cette grande artiste, que Mlle Louise JANSSEN étudia les personnages de « Brünnhilde » et « Kundry » de *Parsifal.*

On se souvient certainement encore du succès qui accueillit Mlle Louise JANSSEN à Paris, lorsque *Tristan et Yseult* fut donné au Nouveau-Théâtre, sous la direction LAMOUREUX. Le rôle d'« Yseult » fut un triomphal succès pour cette magnifique artiste. Aussi, Lyon s'empressa-t-il de monter l'ouvrage où Mlle Louise JANSSEN fut acclamée.

L'an dernier encore, Mlle Louise JANSSEN chantait — toujours à Lyon — « Sieglinde », et la saison actuelle vient de la voir triompher dans *Armide,* de GLÜCK, qui lui avait déjà valu un succès considérable en 1896 à Monte-Carlo, sous la direction de M. Raoul GUNSBOURG.

Il est de toute évidence que pour garder, depuis

dix ans, intacte et pure, la faveur du public lyonnais qui, comme nous le disions plus haut, est particulièrement difficile, il faut être au-dessus de toute critique, si légère soit-elle. Tel est le cas de l'admirable cantatrice d'incomparable style, Louise Janssen.

C'est sur cette irréfutable conclusion que s'arrêteront ces quelques notes biographiques, à notre grand regret, trop brèves.

M.

⚜ ⚜ ⚜

Louise JANSSEN

ARMOR

KED

IIe Acte

ARMOR

* * *

Progrès, 22 novembre 1905.

Mlle Louise JANSSEN a interprété, avec son grand talent habituel, le rôle de la reine des « Korriganes » ; les oppositions vocales qu'elle a su tirer des situations du drame ont été fort intéressantes. Elle a été, comme son excellent partenaire, vivement acclamée et rappelée à plusieurs reprises après chaque acte.

Lyon Républicain, 22 novembre 1905.

Comme interprète de premier plan, l'élite de la troupe, j'ai nommé : Mlle Louise JANSSEN ; MM. VERDIER, DANGÈS, LAFONT.

Les rôles de « Ked » et d' « Armor » sont très durs, très tendus ; Mlle Louise JANSSEN et M. VERDIER avaient une lourde responsabilité ; ils n'ont pas faibli une minute sous le poids de leur tâche et ont mené, de tout leur talent, *Armor* à la victoire.

Farouche, vibrante de passion, tendre et tragique, belles attitudes, Mlle Louise JANSSEN a incarné l'héroïne, poussée par la fatalité au paroxysme de l'amour avec cet art si personnel qu'elle déploie dans ses créations wagnériennes.

Raoul CINOH.

Nouvelliste, 22 novembre 1905.

La partie vocale confiée à Mlle Louise JANSSEN et M. VERDIER, pour les deux rôles de « Ked » et « Armor », a été fort intéressante, et l'on connaît trop les qualités de ces deux interprètes pour signaler encore la belle conviction artistique, la voix si musicalement pure de l'une et l'intelligence de l'autre.

Salut Public, 22 novembre 1905.

Les deux protagonistes qui étaient chargés de le présenter et de le défendre devant le public, étaient : Mlle Louise JANSSEN et M. VERDIER ; c'est tout dire, et il suffisait de leurs noms, pour écarter toute inquiétude au sujet du résultat final. Peut-être même ne fallait-il rien moins que l'admirable effort de conception de tels artistes, pour relever le caractère imprécis de leurs rôles. Ils y ont, à eux deux, merveilleusement réussi, en dehors du magnifique éclat vocal qu'ils leur ont prêté. Mlle Louise JANSSEN, par l'accent de vigueur passionnée avec lequel elle a traduit les voluptueux emportements de « Ked » ; VERDIER, par l'héroïque noblesse avec laquelle il incarne le personnage d' « Armor », ont simgulièrement animé, grandi et humanisé les héros un peu amorphes qu'ils avaient à représenter.

AMAURY.

Express, 22 novembre 1905.

Mlle Louise JANSSEN a trouvé, pour peindre les transports de « Ked » et son exaltation passionnée, ses accents les plus vibrants et sa plastique la plus expressive.

Impossible de représenter avec plus de charme et d'émotion et aussi avec un art plus accompli la tendresse et le désespoir de l'amoureuse « Korrigane ». C'est là une des plus heureuses créations de notre tant aimée cantatrice wagnérienne.

Express. (Extrait d'une lettre de Sylvio LAZZARI),

24 novembre 1905.

« Mon cher Directeur,

« Je vous félicite d'avoir assuré à mon ouvrage une distribution hors ligne.

« Mlle Louise JANSSEN et M. VERDIER ont été magnifiques tous les deux, ils ont chanté et joué en grands artistes qu'ils sont. »

✤ ✤ ✤

Louise JANSSEN

Mlle JANSSEN

de l'Opéra

Mlle Janssen, qui est d'origine danoise, fit de sérieuses études de piano, puis travailla le chant et l'opéra à Gratz, avec Mme Materna, la célèbre cantatrice qui créa, sous la direction de Wagner, toutes les héroïnes du théâtre wagnérien.

Mlle Janssen, grâce à la direction artistique de Mme Materna, est une des rares chanteuses, pour ne pas dire la seule en France, qui soit consacrée cantatrice wagnérienne.

Tout le monde a présentes à la mémoire ses différentes créations sur notre scène lyrique, tout particulièrement le rôle si poétique d' « Elsa » de *Lohengrin,* qui a trouvé en elle une interprète inoubliable, et celui d' « Yseult » de *Tristan et Yseult,* qui est le triomphe de la carrière théâtrale de Mlle Janssen.

Enfin, la création à Lyon du *Crépuscule des Dieux* a été l'occasion, pour elle, de montrer une fois de plus ses merveilleuses qualités de chant ; la presse a été unanime à lui décerner les éloges les plus mérités pour la création si artistique qu'elle fit du rôle écrasant de « Brünnhilde ».

Association des Artistes Musiciens
de la Ville de Lyon.

Lundi 25 avril 1907.

A l'inoubliable Tragédienne Lyrique

LOUISE JANSSEN

* * *

A l'Interprète incomparable de :

ELSA,
ELISABETH,
SIEGLIND,
EVA,
ISOLDE,
BRÜNNHILDE,
ARMIDE,
KED,
BLANCHE DE SAINTE-CROIX.

* * *

QUELQUES FERVENTS DE L'ART MUSICAL

* * *

Hommage de :

M. Anstett
M. P. Argenson
M. Auloy
M. F. Baldensperger
M. L. Bamet
M. Barbier
M. J. Benoît
M. A. Bonnet
M. J. Bony
M. G. Bouton
M. H. Boucherle
M. Bouyer
Dr Boyer
Mlle Brenière
Mme Brunand
M. Brunand
M. Buffet
M. Cabaud
M. P. Cadot
Mme P. Cadot
M. Chaleyssin
M. Châtagnon
M. Chavan
Dr Carrier
Dr M. Carrier
M. Commette
M. Cordier
Mme Desparmet-Ruello
M. de la Brély
Mlle Dollfus
Dr Dor
M. Doye
M. H. Ducy
M. Ch. Ducy
M. Dumoulin
M. Dulieux
M. Duvivier
M. Ehrhard
Mme Falb
M. G. Faist
Mlle A. Filhol
Mlle M. Filhol
M. Fulliquet
M. J. Garin
M. E. Gayet
M. Paul Gillet
M. Gluksman
M. A. Godien
M. E. Grand-Clément
M. Gros
M. Guex
Mlle Guhenoff
Mme Hoepli
M. Maurice Isaac
M. G. Isler
Mlle Jaboulay
M. Jaboulay
M. Julien
M. Keller-Dorian
M. R. Labram
Mme Vve Labram
Mlle Lachenal
Mme Laurent
M. Laurent
Mme Laroussarie
M. Laroussarie
M. Lebreton
M. R. Lechère
M. E. Leroudier
M. Emmanuel Lévy
M. C. Louis
M. V. Louis
M. E. Lœwengard
Mme Vve Magnin
M. Magnin
M. Mariotte
Dr Mathieu
M. F. Maurice
M. Mellier
M. Millot
M. Moutet
M. Neuville
M. Paturet
Dr Paviot
Dr Péhu
M. P. Perreaud
Mme P. Perreaud
Mme Perrinjacquet
M. Perrinjacquet
M. Picard
M. Adre Prelle
M. Ame Prelle
Mlle Prulhière
M. Louis Raymond
M. A. Rey
M. Louis Reynaud
M. F. Roche
M. E. Rosset
M. Ch. Sarrazin
M. J. Sibillat
M. Suter
Mlle Suter
Mme Stoïtchoff
Dr Stoïtchoff
M. J. Trolliet
M. V. Trolliet
Mlle L. Trolliet
M. Tronel
M. Trunel
M. Paul Valayer
Dr Maurice Vallas
M. Léon Vallas
M. Van-Doren
M. Léo-Vignon
M. G.-M. Witkowski

Salut Public, 16 juillet 1906.

Mlle JANSSEN, à qui le public lyonnais montra tant de fidélité et d'affection, vient d'être engagée pour une tournée en Amérique par M. SAVAGE, directeur d'une grande Compagnie. Elle y va créer un opéra nouveau de PUCCINI, et surtout pour y donner le répertoire wagnérien. C'est le chef d'une grande agence de Berlin qui, entendant par hasard Mlle JANSSEN au théâtre, alors qu'elle interprétait « Yseult », la signala à M. SAVAGE, qui envoya à Lyon son chef d'orchestre, et l'engagement se fit par l'intermédiaire de M. DULIEUX, l'impresario lyonnais.

The Sun, Baltimore Thursday Morning,

October 25, 1906.

MME. JANSSEN AS BUTTERFLY

Danish Prima Donna Arouses Enthusiasm At Ford's

At the performance of *Madam Butterfly* at Ford's yesterday afternoon the title role was sung by Mme Louise JANSSEN, the Danish prima donna who for several seasons was the leading dramatic soprano at the Opera-House, Lyons, France. Her work as *Madam Butterfly* convinced the audience that she is a woman of magnificent vocal ability and of surprising dramatic force. She sang the role with fervor and skillful shading that kindled her hearers into enthusiasm.

Louise JANSSEN

ARMIDE

IIe Acte

Salut Public, 21 février 1910.

(Société des Grands-Concerts.

7ᵉ Séance de l'Abonnement.)

Dans la scène finale du *Crépuscule des Dieux,* nous avons retrouvé de nouveau Mˡˡᵉ JANSSEN, toujours aussi vaillante, aussi magnifiquement émouvante et tragique que lors de l'inoubliable création qu'elle en réalisa sur la scène de notre Grand-Théâtre.

AMAURY.

Lyon Républicain, 21 février 1910.

(Société des Grands-Concerts.)

Ça été la journée de Mˡˡᵉ Louise JANSSEN, qui en a eu de si brillantes au théâtre. Et il semblait que la grande cantatrice n'avait pas quitté la scène, et son art si parfait, son style d'une simplicité si pénétrante, la fluidité incomparable de sa voix, tout cela nous ramenait au temps heureux du Grand-Théâtre, où « Elsa » était poétique, où « Elisabeth » et « Brünnhild » portaient la marque éloquente des héroïnes wagnériennes.

Dans les deux lieds d'*Egmont,* Mˡˡᵉ JANSSEN a mis en valeur ces qualités si éminentes et si rares, pour triompher encore plus dans la scène finale du *Crépuscule des Dieux.*

Académie des Sciences, Belles-Lettres et Arts de Lyon. — *Le Goût Musical au* XIXe *siècle.*

Discours de Réception du 30 mai 1911

Antoine SALLÈS

« Je m'en voudrais de ne pas associer aux noms des directeurs qui ont ainsi contribué à accroître et à asseoir le juste renom de notre Grand-Théâtre ; celui de Mlle Louise JANSSEN, la grande artiste qui, à l'exception de celui de « Senta », du *Vaisseau-Fantôme,* a créé successivement, et avec un art magistral, les rôles de toutes les héroïnes de WAGNER. »

Dépêche de Lyon, mercredi 13 novembre 1912.
(Société des Grands-Concerts.
1er Concert de l'Abonnement.)

Tous les Lyonnais connaissent en Mlle JANSSEN l'artiste éminente et l'interprète idéale de WAGNER, tant par le charme de sa voix et de son style, que par la sûreté de son intonation dans les passages les plus difficiles, aussi son succès n'étonne-t-il personne, mais réjouit-t-il tout le monde ?

Le Nouvelliste, mercredi 13 novembre 1912.
(Société des Grands-Concerts.
1er Concert de l'Abonnement.)

Quant à l'interprétation vocale, elle était confiée à Mlle JANSSEN.

Elle y fut particulièrement intéressante, et il

Louise JANSSEN

L'ÉTRANGER

VITA

IIe Acte

est impossible de concevoir une réalisation plus parfaite, un sentiment plus délicatement et profondément artistique de la pensée wagnérienne. Les nombreux abonnés ou auditeurs des Grands-Concerts ont fait à la si remarquable artiste, que malheureusement, nous n'entendons plus sur notre scène d'Opéra, le plus chaleureux accueil.

L'Express, 13 novembre 1912.

(Société des Grands-Concerts.
1er Concert de l'Abonnement.)

Mlle Louise JANSSEN nous revenait avec sa voix émouvante et pure, et WAGNER fut célébré comme seuls les génies le méritent, par celle qui fut inoubliablement — et ne sera probablement plus jamais pour notre pénitence — « Elsa », « Sieglind » et « Brünnhilde »...

Henry FELLOT.

Progrès. — Concerts du Conservatoire.

Nous avons réentendu avec un vif plaisir Mlle JANSSEN, la remarquable créatrice du rôle d' « Elsa » au Grand-Théâtre. Mlle JANSSEN possède toujours une voix admirablement timbrée et un sentiment poétique qui lui permettent de traduire toute la grâce mystérieuse et troublante des chants du Nord. Il nous paraît difficile d'interpréter avec plus d'art la mélodie de GRIEG, ingénieusement orchestrée par M. LUIGINI, et la dramatique ballade du *Vaisseau-Fantôme*.

L'Echo du Rhône. — Concert du Conservatoire.

... une mélodie de GRIEG, — transcrite pour orchestre par LUIGINI (qui, à toute occasion, fait de ces choses là, sans seulement en prévenir le public) et que Mlle JANSSEN a chantée avec ce charme exquis et ce pur cristal qui la rendait si intéressante et si personnelle.

... Nous avons déjà entendu le chœur des fileuses du *Vaisseau-Fantôme.* Mlle JANSSEN y a, cette fois, ajouté le puissant intérêt de la ballade de « Santa » qu'elle a merveilleusement détaillée.

P. B.

IMP. EXPRESS, 46, RUE CHARITÉ - LYON — 8.037

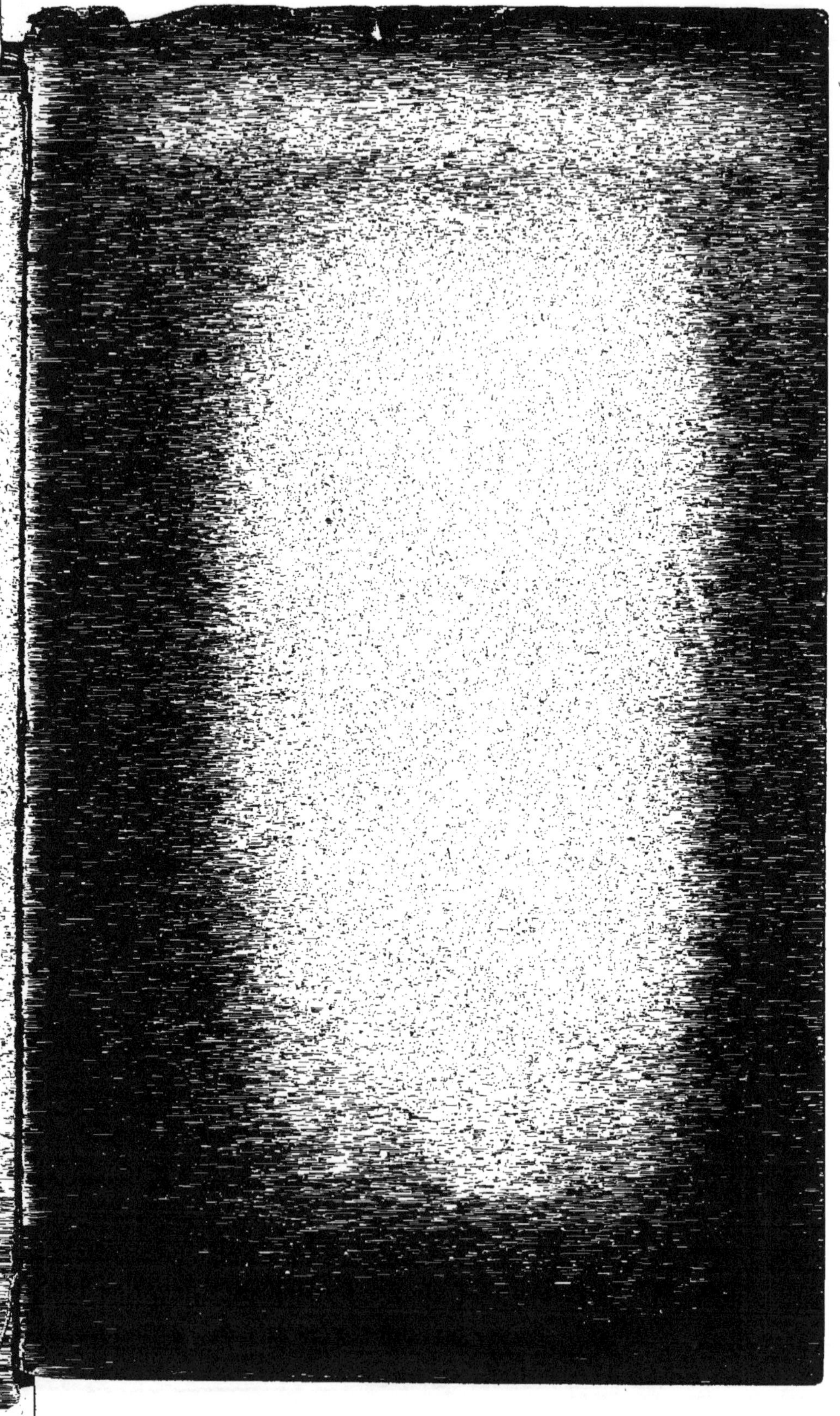

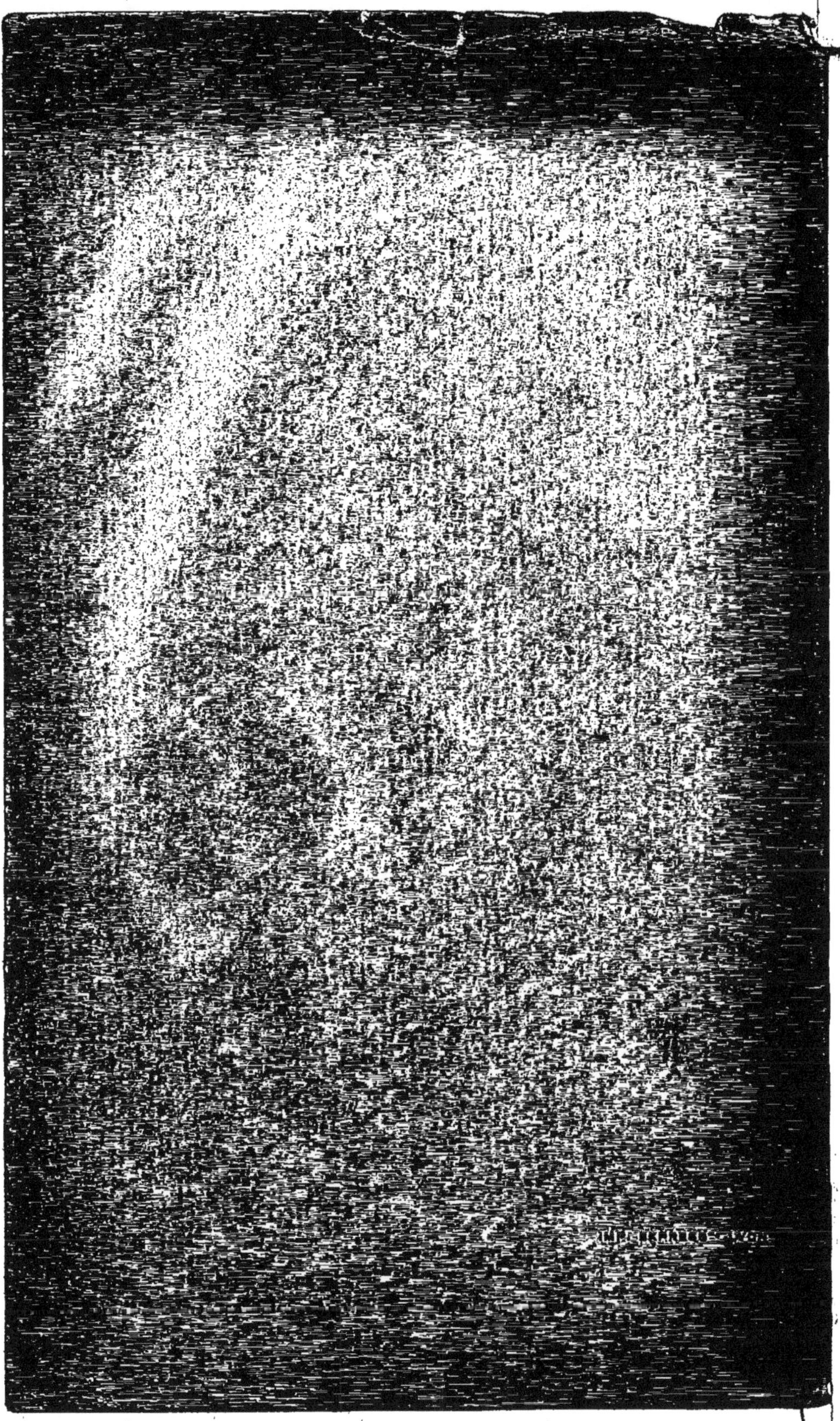

www.ingramcontent.com/pod-product-compliance
Ingram Content Group UK Ltd.
Pitfield, Milton Keynes, MK11 3LW, UK
UKHW021600260726
13993UKWH00002B/963